AF311833

Exaltata est Maria super Choros Angelorum.

RECHERCHE

DE L'ORIGINE,

ANTIQVITE',

PREROGATIVE

ET OECONOMIE

de la Grande & Royale Confrerie
de la VIERGE, aux Preſtres
& Bourgeois de Paris.

A PARIS,
Chez P. ROCOLET, Impr. & Libr. ordin. du
Roy & de la Ville, Au Palais.

____

M. DC. LX.

Auec Priuilege de ſa Majeſté.

AV ROY.

IRE;

C'est auec raison que vous auez le bon - heur pardessus tous les Princes Chrestiens d'estre le Fils-aisné de l'Egli-se ; la pieté souueraine de vostre Majesté, qui est le

EPISTRE.

premier mobile de toutes vos actions, vous fait obtenir du Ciel ce glorieux titre auec tous les auantages de la nature & de la grace que vous possedez; c'est par elle, & par celle de la Reyne Mere de vostre Majesté, par ses prieres & par ses larmes, que vous auez calmé tant d'orages, remporté tant de victoires, recouuré la santé d'vne maladie qui rendoit toute la France malade auec vous, & fait que la mort, qui iusques alors auoit esté sans yeux & sans oreilles pour tant de millions de testes couronnées s'est renduë obeissante à nos voix & à nos prieres; aussitost que vostre Majesté suiuant les mouuemens ordinaires de sa pieté, eut rendu des témoignages publics (comme elle en auoit fait de secrets) de la singuliere deuotion qu'elle a tousiours euë par inclination & par reconnoissance pour la sainte Vierge Mere d'vn Roy à qui toutes les Couronnes de la terre rendent hommage, &

EPISTRE.

que par vn acte solemnel à
l'imitation de ses Ancestres,
elle se fust consacrée à son ser-
uice à la veuë de ses peuples,
& enrolée dans sa grande
& Royale Confrerie aux
Prestres & Bourgeois de Paris, qu'elle a tousiours consi-
deré d'vn œil fauorable : Vostre Majesté obtint ces deux
grands biens qu'elle a produit à la France, celuy de la
Paix & celuy de vostre heureux Mariage auec cette au-
guste Princesse que Dieu
auoit predestinée pour vostre

EPISTRE.

chere Espouse & pour nostre
tres - honorée Reyne : Ainsi
nos frayeurs se sont éua-
noüies , les veilles d'vn Mi-
nistre tres-Eminent en toutes
façons ont esté vtiles; tous les
differends qui auoient broüil-
lé l'Europe depuis tant d'années sont terminez. La Iustice
& la Paix s'entrebaisent , les
deux plus grandes Puissances
du monde sont vnies ensem-
ble pour le repos de toute la
Chrestienté , pour nous donner le commencement d'vn
siecle d'or , & vous voir re-

gner plus heureusement dans l'esprit de vos peuples par vos vertus, que par la suprême authorité que vostre naissance vous a donnée sur eux : cette pensée, SIRE, auec le deuoir que le Sieur de Machault President en vostre grand Conseil, & Doyen de ladite Confrerie, s'estoit imposé de vous declarer ce qui concerne ladite Confrerie, nous a fait prendre la hardiesse de consacrer aux pieds de vostre Majesté ce petit ouurage que nous vous preſentons comme vn gage perpetuel de nos reſpects & de nos affections pour contribuer à l'immortalité de voſtre gloire, plus recommandable encore par les actions de la Religion, que par toutes les autres qui vous font auſſi admirer des peuples, & pour donner des aſſeurances à voſtre Majeſté que nous offrons ſans ceſſe nos vœux & nos prieres à la Vierge noſtre fauorable Patrone, afin que elle obtienne de ſon Fils la continuation des benedictions diuines sur vostre heureux Mariage, & glorieuse Paix: parce que nous sommes autant par affection que par deuoir,

SIRE,

Vos tres-humbles, tres-obeïssans, & tres-fidels Sujets & Seruiteurs, les Confreres de la grande & Royale Confrerie de nostre Dame , aux Prestres & Bourgeois de Paris.

LA GRANDE
CONFRAIRIE
DE
LA VIERGE.

De l'Antiquité de la grande Confrairie,
& quel en est le dessein.

CHAPITRE PREMIER.

OY que l'on ne iuge pas ordinairement du merite d'vn sujet par son Antiquité; Si est-ce toutefois que

A

le prix en augmente de beaucoup, lors que l'eſtime qu'en font les Sages eſt appuyée ſur la bonne foy de pluſieurs ſiecles.

La grande Confrairie, SIRE, qui a maintenant l'honneur de ſe proſterner aux pieds de voſtre Majeſté, eſt née en voſtre Royaume auec le Chriſtianiſme, puiſque ſans contredit le grand ſaint Denis, Apoſtre de la France, en eſt le Fondateur. Nous apprenons encore par les anciens Statuts, que les ſept Confreres Eccleſiaſtiques & les ſix Bourgeois Laïcques de la ville de Saint Denis eſtoient ſeuls, entre les autres villes de voſtre Royaume, qui auoient part à cette ſainte Societé; & que les femmes meſmes de

S. Denis, auſſi bien que celles de
Paris, en eſtoient excluſes. Pour
ce qui regarde les anciens droicts
des Bourgeois de S. Denis, nous
croyons que les guerres de la premiere race de vos Predeceſſeurs,
en ont tranſporté la deuotion en
la Ville de Ponthoiſe, où cette
grande Confrairie s'eſt conſeruée
& accreuë par ce nombre de trei-
ze; & où la Reyne mere de voſtre
Majeſté, dont la deuotion ſert
d'exemple à tous vos peuples, aſ-
ſiſta à la Proceſſion ſolemnelle qui
s'y fit le iour de l'Aſſomption de
l'année mil ſix cens cinquante-
deux. Ce qui fait connoiſtre que
cét illuſtre Fondateur leur auoit
acquis pardeſſus les autres villes,
ce beau priuilege.

A ij

Le nombre des septante-deux Disciples choisis par le Fils de Dieu pour preparer les cœurs à receuoir le Christianisme, a eté cause comme portent ses Statuts que l'on a conserué long-temps ce mesme nombre, ce qui a fait croistre heureusement le fruict de cette sainte Societé : Car comme saint Denis a esté bien instruit des volontez de son Maistre, dont il reconnut la mort en l'éclipse qui se fit alors par toute la terre, en l'adorant dans son cœur, iusqu'au temps que S. Paul le fit partici-pant des graces du S. Esprit : Il a aussi, par ses saintes inspirations, preueu le fruict de ces Missionai-res, en la vraye Religion, & que l'vnion d'vn Prestre auec vn Laï-

que Bourgeois, feroit vn moyen
efficace pour auancer vn œuure
fi diuin , & pour continuer vne
deuotion que les Roys embraffe-
roient vn iour en l'honneur de la
Mere de DIEV : Auffi cette liaifon
d'vn Preftre & d'vn Laïcque, qui
fe communiquoient lors leurs
biens fpirituels & temporels , a
efté faintement inuentée, & dans
les fiecles fuiuans religieufement
obferuée entre les Confreres. Ce
que nous remarquons de iour en
iour par les progrez miraculeux
& les fruicts inconceuables, que
font les deux Confreres, en tra-
uaillans vnanimement pour la
gloire de DIEV & pour l'édifica-
tion du prochain.

A iij

Pourquoy appellée la grande Confrairie, & pourquoy assemblée sous les auspices de nostre Dame.

CHAPITRE II.

LES sources de la grandeur demanderoient plus d'estenduë que ne doit auoir ce petit Discours, que la Confrairie s'est proposée en ce dessein, pour ne point ennuyer vostre Majesté en le lisant : Car sans m'éloigner ie les trouuerois toutes en vostre Majesté. Celles de la grande Confrairie se recueillent de son Instituteur, de son antiquité, de son dessein, de ses merites, & des per-

sonnes qui la composent. Les trois
premieres ont paru succintemét;
Les autres demandent du iour:
Et bien qu'elles ne l'empruntent
que d'elles-mesmes, il faut pour
les mettre chacune en son ordre,
remarquer en peu de mots ce
qu'elles ont de particulier, & y
ioindre ce qu'elles ont de commun auec les autres Confrairies.

L'EGLISE obeiſſante aux diuines paroles de son chaſte Eſpoux,
a touſiours creu tres-fermement
qu'on ne pouuoit mieux aller à
DIEV le Pere, que par son Fils,
& croit encores que l'entremiſe
des Saints luy eſt vtile, pour obtenir de DIEV l'effet de ſes vœux
& l'accompliſſement des deman-
des de ſes chers enfans, qui n'é-

tans que voyageurs en ce monde,
ont raison de s'adresser aux Saints
arriuez au port de leur salut, mais
sur tout la mesme Eglise & tous
ses fidels Enfans ont recherché
la protection de nostre Dame;
estans asseurez qu'elle est l'Aduo-
cate des pecheurs, le modele des
parfaits, l'vnique consolation des
affligez, & que par son moyen ils
obtiendront de DIEV le secours
dont ils ont besoin. A l'exemple
des Apostres, qui se voyans pri-
uez de la douce conuersation de
leur Maistre, apres qu'il fut mon-
té au Ciel, s'addresserent à cette
sainte Mere par l'inspiration du
S. Esprit, qui en a estably l'ordre dans l'Eglise, auquel il faut
s'attacher, & en adorer les actes,

comme à vn moyen tres-efficace
pour rentrer ou pour se mainte-
nir en la grace de DIEV : & les
septante-deux Disciples n'ont
esté instituez qu'à dessein de por-
ter dans toute l'étenduë de la
terre , & leurs instructions &
leurs exemples. Nostre illustre
Fondateur n'a-t'il pas appris cette verité de Saint Paul , mesme
au milieu de l'Areopage ? Car
dés qu'il eut oüy parler des vertus admirables de la Reyne des
Anges , & que la foy qu'il pro-
testa , l'empescha de tomber dans
l'Idolatrie & son adoration , à
cause des graces toutes celestes,
qui l'eussent fait passer parmy
les moins éclairez pour vne Diuinité ; il conceut de si hautes

penſées de la grandeur des merites de cette ſainte VIERGE, qu'il
s'addreſſoit à elle en tous ſes be-
ſoins. C'eſt pourquoy ce diuin
Apoſtre eſtant venu en France
pour y planter la Foy, il inſpira
cette ſacrée methode à la petite
Societé des Fidels, qui la receu-
rent les premiers auec vne arden-
te charité, & qui nous l'ont laiſ-
ſée (comme à leurs Succeſſeurs)
pour vn precieux gage.

Pourquoy nos Roys ont defiré d'eftre de cette Confrairie, & fi c'eft auec raifon.

CHAPITRE III.

BIEN que les cœurs de tous les hommes foient égale-ment en la main de DIEV, qu'il ait formé auffi bien ceux des païfans comme ceux des Princes ; Neantmoins l'Efcriture Sainte obferue, que le Ciel eft plus occupé à conferuer les teftes couronnées, que celles du commun des hommes ; quoy que la Prouidence diuine ne foit pas plus grande pour les vns que pour les

autres. Toutes chofes vont comme il luy plaift , & quand elle
veut : Mais comme la conduite
des Roys & des Princes fert plus
à fa gloire que celle du vulgaire,
& que les fujets reçoiuent les im-
preffions ou la loy de ceux qui les
gouuernent, auffi DIEV leur donne vn cœur plus Religieux & vne
ame plus prefente à fa Diuinité ,
par l'affiftance continuelle d'vn
Ange Gardien, aux infpirations
duquel ils obeiffent librement ,
dautant que ce font les plus par-
faites images de fa toute-puiffan-
ce, pour eftre fes Lieutenans en
la Politique : Et bien que ce ne
foit pas vne vertu fi noble que la
Religion , toutesfois on remar-
que entre ces deux vertus vne dé-

pendance si mysterieuse , que
quand les Temples & les Palais·
croyent vne mesme chose , il s'en
forme vne parfaite harmonie. Ie
puis inferer de là, que S. Denis
instituant cette sainte Confrairie
a pû auoir cette pensée d'attirer
l'vne par l'autre, pour les conseruer toutes deux en vn estat que
l'on deuoit appeller tres - Chre-
stien ; & estant du nombre des
Areopages , Compagnie la plus
éclairée par la Politique , & la
plus honorée par la superstitieuse
Religion qui fut lors en tout le
monde. C'est pourquoy nos Roys
joignant la Pieté à la Prudence,
la Religion à la Politique , pre-
nant Dieu pour témoin de leur
sage conduite, n'ont jamais man-

qué de garand, & ont reconnu
que la deuotion à la sainte VIER-
GE estoit le plus asseuré chemin
pour arriuer au port de leurs en-
treprises, pour conseruer au dedans de leur Royaume la Paix
entre leurs subjets, & au dehors
pour donner à leurs ennemis la
crainte d'vn secours visible de
cette sainte Mere qui les deuoit
seconder fauorablement, puisqu'ils se donnoient entierement
à elle deuant tous leurs peuples,
mettant leurs noms dans la premiere Confrairie qui luy ait esté
dédiée: ç'a esté cette deuotion de
nos Roys vos Ancestres qui a
plus estroitement obligé les Confreres de cette Societé d'auoir
non seulement grand soin de les

recommander à DIEV dans leurs
prieres ordinaires , comme font
toutes les Compagnies faintes ;
mais d'en determiner de particulieres,& de fixer des iours pour
les faire vnanimement: C'eſt pour
cela que d'vn conſentement ge-
neral ils ratifierent en l'an 1361.
ce qu'ils auoient ſouuent renou-
uellé par leurs anciens Statuts,
que tous les Samedis de l'année,
ou le plus prochain iour, en cas
qu'il y euſt empeſchement, il ſe-
roit celebré vne Meſſe ſolemnelle de la ſainte VIERGE, à laquelle aſſiſtent ordinairement quarante Eccleſiaſtiques ; & ce pour la
tranquilité & pour la paix du
Royaume de France , pour la
proſperité & conſeruation de la

facrée perfonne du Roy, pour le bien de la bonne Ville & Cité de Paris, & de fes Habitans.

Les liens de la nature font fort étroits, mais ceux de la Religion le font fans comparaifon dauantage ; & la nature s'expofe fouuent à l'aneantiffement pour conferuer la Religion : mefme quand le Schifme, qui eft vne fauffe Religion, fe répand dans les Royaumes, & entre dans les familles, il y produit d'eftranges bouleuerfemens. On a veu des Monarchies fur le panchant de leur ruine par la diuerfité des Religions.

La voftre, SIRE, s'eft veuë en ce dangereux eftat au fiecle precedent, fi le grand Henry voftre ayeul, n'euft par fa prudence &

par

par fa valeur, calmé les orages
que les diuerſes Religions de ſes
Sujets preparoient à ſa ruine ; &
par l'attache qu'il a eu au S. Siege
il rendit ſon Eſtat tres-floriſſant,
& affoiblit ceux de ſes Ennemis.
Les peuples ayment & reſpectent
les Princes qui flechiſſent les genoux deuant les Autels ; Et bien
que la loy de nature exige égale-
ment l'obeïſſance de leurs Sujets, la difference d'vne preten-
duë Religion ne permet à qui que
ce ſoit de s'en diſpenſer : le Fils
de Dieu exempt par nature de
tout tribut, commanda à ſes Diſ-
ciples de payer celuy de Ceſar;
ce qui n'empeſche pas, que la re-
bellion des peuples ne prenne
quelquesfois ce pretexte pour

B

s'exempter du respect deub à leur
Souuerain , quand sa creance &
la leur ne s'accordent pas ; c'est
pourquoy les grands Roys qui se
sont attachez au culte respecté
de leurs peuples , & qui mesme
ont fait écrire leurs noms auec
celuy des autres Confreres, ont
donné des marques de leur insi-
gne pieté & de leur prudence
politique, deux vertus tres-meri-
toires , puis que leur but n'est que
le Ciel.

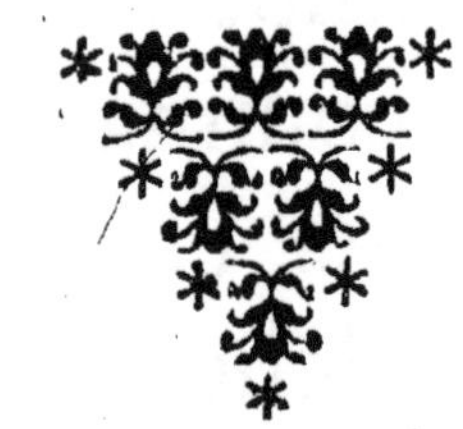

*Raiſon particuliere de l'établiſſement de
cette grande Confrairie.*

CHAPITRE IV.

PErſonne ne conteſte, SIRE,
que le premier en chaque
genre eſt la meſure de tous les autres ; il les regle en leurs mouuemens, & ils le regardent comme
le Directeur de leur conduite.
Voſtre Ville de Paris eſt la capi-
tale de voſtre Royaume, les
autres n'obſeruent pas ſeulement
ſes pas, mais ſe laiſſent (s'il faut
ainſi dire) entraiſner à ſa ſuite.
La grande Confrairie eſt la premiere établie dans la France.

puifqu'elle y a commencé auec le
Chriftianifme, & que le mefme
Apoftre qui y planta la foy & la
figna de fon fang, a introduit dans
voftre ville de Paris cette deuotion enuers la fainte Vierge; Mais
cette charité mutuelle enuers le
prochain par la liaifon d'vn Ecclefiaftique auec vn Bourgeois,
qui fe deuoient communiquer
l'vn à l'autre les biens fpirituels
& temporels dont ils eftoient
pourueus, ayant trouué de grandes contradictions & vne extre-
me repugnance dans l'efprit des
peuples Gaulois, & generalement
en tous ceux qui embraffoient
la Foy de IESSVS-CHRIST, pour
(abandonnant tous leurs biens,
& les mettant en commun) les

exposer au pillage des Nations
barbares qui occupoient lors vos
Royaumes. Et comme la Religion Chrestienne y a souffert de
cruelles persecutions, & que ce
qui restoit de Chrestiens estoient
cachez & en faisoient l'exerci-
ce secrettement ; aussi cette Sainte Confrairie a cessé de paroistre
quelques siecles, & a souuent esté
contrainte de changer de lieu
pour faire ses prieres publiques
ou secrettes ; tantost à Saint
Estienne des Grecs ; tantost dans
la basse Eglise de Sainte Gene-
uiefue ; quelquefois à Saint
Iacques du Haut-Pas , & mesme
dans la Chapelle qui depuis a esté
donnée à l'Ordre de Cluny. Mais
comme le Sang des Martyrs a

vaincu la cruauté des Infidelles,
& que la pieté & la valeur de vos
Predeceſſeurs leur ont acquis vn
Royaume tres-opulent , ſur lequel Dieu a particulierement
verſé ſes graces pour luy eſtre à
l'aduenir vn peuple choiſy, agreable , obeiſſant à ſa Diuinité , &
ſur tout attaché à la Religion de
ſon Fils ; & que tous les François
ont eſté victorieux ſous l'Eſten-
dart du ſigne de la Sainte Croix,
en laquelle il eſtoit mort pour
tous les hommes : Enfin la Foy
Catholique a fait ceſſer l'Idolatrie , & l'Egliſe a triomphé de
l'impieté ; les deuotions qui ſem-
bloient enſeuelies dans l'obſcu-
rité des ſiecles paſſez , ont repris
leur lumiere ſi long - temps ca-

chée ; & ont augmenté leur ferueur , leurs liaiſons de charité,
leurs ſocietez ; bref tout ce qui
les pouuoit remettre dans le chemin que le Saint Eſprit leur inf-
piroit. Mais entr'autres par l'aſſiſtance du meſme Sainct Eſprit,
la grande Confrairie, dont les
fruits auoient eſté ſi agreables à
l'Egliſe primitiue , par la ſocieté
inébranlable des confreres Eccleſiaſtiques & Laïques , liez par le
nœud d'vne feruente charité,
qui répandoient les aumoſnes
publiques dans les familles affli-
gées par la neceſſité des temps,
& depuis dans les Hopitaux auſſi
bien que dans les Maiſons Reli-
gieuſes, qui ſe font par ſucceſſion
de temps établies dans voſtre vil-

B iiij

le de Paris ; par l'affiſtance qu'ils
rendoient aux malades , les con-
ſolant & ſecourant en leurs neceſ-
ſitez ſpirituelles & temporel-
les ; par leur ſecours public, en-
ſeueliſſant & enterrant les morts;
par leurs prieres qu'ils faiſoient
continuellement à Dieu & à ſa
tres-Sainte Mere , afin d'obtenir
de luy le ſalut des ames des def-
funts ; bref par les Proceſſions
publiques d'Egliſe en Egliſe, où
la modeſtie des Confreres attiroit
tout le monde , non ſeulement
de la ville de Paris, pour en receuoir vn exemple notable , mais
auſſi des villes éloignées, qui en
remportoient en leurs pays des
ſatisfactions ſi grandes, que d'vn
chacun prenoit enuie d'en établir

de semblables societez dans leurs villes; Mesme auparauant l'establissemét de plusieurs Monasteres, la vraye deuotió estoit dans la ferueur de ces nouueaux Disciples, & Confreres de nostre Foy ; & les Roys les plus adonnez à ces deuotions publiques , souhaitoient estre du nombre de ces Confreres. Enfin, Dieu ayant monstré ses graces, ses bontez & ses assistances sur le Royaume François, par la mission de plusieurs grands Prelats & Patriarches d'Ordres Religieux , chacun s'est efforcé en son particulier de pratiquer les conseils Euangeliques; d'exercer la charité enuers toutes sortes de personnes indifferemment : enuers les Payens pour les tirer de leur Idolatrie, & les mettre dans le chemin d'vne veritable Religion ; & enuers les Chreſtiens comme des deuoirs auſquels ils eſtoient ſpecialement obligez. Mais le nombre des Laïques ſurpaſſant celuy des Eccleſiaſtiques, cette liaiſon d'vn Eccleſiaſtique auec vn Laïque a ceſſé ; Et ces deux grandes parties n'ont chacune de leur part que continué à faire ce meſme Corps de la grandeConfraire,en laquelle durant pluſieurs ſiecles les femmes n'auoient aucune entrée, comme il ſera dit cy-apres. Le ſecours viſible que les Roys receuoient de la Reyne des Anges dans leurs entrepriſes au dehors du Royaume, & par la paix interieure de leurs

Sujets qui leur obeïſſoient par les principes de la Religion Chreſtienne, que ces deuots Confreres accompliſſoient auec vn exemple ſingulier de ſoûmiſſions aux volontez de leurs Souuerains; leſquels auſſi receuant le meſme Eſprit de douceur pour leurs peuples, n'auoient eu dans la premiere Race que de la contradictiõ dans leur propre Sang: Et dans la ſeconde faute, de s'eſtre communiquez par de ſemblables deuotions, & s'eſtre inſinuez dans leſprit de leurs Sujets en la communion des prieres publiques, ſuiuant l'exemple de leurs Predeceſſeurs, qui par leur deuotion auoient joint l'Empire à leur Sceptre, ils ont perdu l'vn & l'au-

tre. Dieu ayant aſſis ſur le thrône
Royal des François vos Illuſtres
Ayeuls, qui joignans tous la pieté & la Religion à la Iuſtice, &
à la puiſſance de leurs armes,
ont conſerué à V. M. toutes ces
vertus, par leſquelles elle viura
touſiours agreable à Dieu,
aura pour conductrice de ſes
actions la Sainte Vierge, & ioui-
ra d'vne longue ſuitte d'années
pour la paix & pour la benediction de ſes peuples.

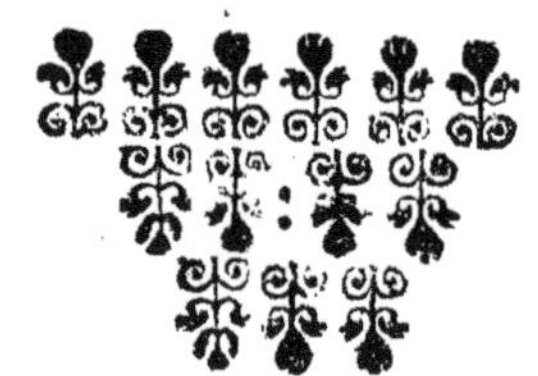

*Que tous les Roys Ayeuls de voftre Maje-
fté, & tous les Potentats, fous leur
authorité Royale ont eu cette grande
Confrairie en vne finguliere eftime.*

CHAPITRE V.

CE titre feul pourroit feruir
de memorial au petit Dif-
cour que ie pretends faire de l'e-
ftime que cette grande Confrairie
s'eft acquife & conferuée pendant
plufieurs fiecles : Car depuis le
Roy Robert, nous trouuons vne fi
grande deuotion enuers la Sainte
Vierge, dans l'efprit de nos Roys
Ayeuls de V. M. que tous auec
leurs noms & leurs Sceptres, ont

publiquement dedié à cette Sainte Mere leurs confciences , &
luy ont confié le falut de leurs
ames. Les Henrys , les Philippes,
les Louys & les Charles , n'ont-
ils pas laiffé des marques de leur
deuotion & de leur liberalité enuers cette Confrairie? Nous auons
dans nos Archiues des bien-faits
de la main Royale de Philippe
Augufte , qui témoignent l'affection qu'il auoit pour cette Confrairie ; L'enclos de fon Palais,
à l'augmentation duquel cette
Confrairie contribüa, par l'échan-
ge que ce bon Roy defira qu'elle
fift de quelques heritages qu'on
luy auoit donnez pendant la fe-
conde Race de nos Roys: Les Re-
ceptes de vos Domaines , SIRE,

en font chargées dans voftre
Chambre des Comptes ; les biens
alors de cette Confrairie, qui con-
fiftoient en heritages dans Paris,
& conuertis en cens & rentes
fous l'authorité de ces bons Roys,
qui protegeoient cette Confrairie & les biens d'icelle, comme
eftant ceux des pauures, n'ayant
manqué iufqu'à prefent à fatis-
faire aux deuotions, Proceffions
& prieres publiques fans aucun
abus ny diffipation. Mais peut-
on oublier ce qu'a fait Saint
Louys Ayeul de voftre Majefté,
& dont le plus pur Sang coule
dans vos veines ; le Saint des
Roys & le miroir exemplaire de
toutes les Cours , dont la vertu
eftoit autant Religieufe qu'ani-

mée de courage, & qui fçauoit
auſſi bien ſe trouuer auec le Dieu
des armées au milieu des eſca-
drons dans le Leuant, que de ge-
mir pour ſon peuple au pied des
Autels, viſiter les Egliſes, man-
ger en la compagnie des pauures,
faire communauté de prieres entre les freres; d'autant que le frere aydé de ſon frere, eſt fort comme vne tour ? C'eſt pour cela
qu'il deſira ardamment d'eſtre
aſſocié en cette Confrairie; pouſ-
ſé à ce faire par les bien-faits de
Philippe Auguſte ſon Ayeul, qui
apres auoir amorty tous les anciens fonds de la grande Confrairie, les augmenta encore par de
nouuelles fondations, Et ce Saint
Roy voulut paroiſtre à la teſte de

ſes

pelle de Cluny vne Image de la
Sainte Vierge qui eſt en tres-
grande veneration, comme vne
marque qui reſte de la deuotion
que les Confreres luy auoient
teſmoigné en ce lieu : Mais le
bon exemple de la Reine Blanche, tres-Pieuſe & tres-Sage
Princeſſe, contribua beaucoup
aux exercices de deuotion & de
pieté, que ce grand Roy pratiqua au retour de ſon premier
voyage du Leuant.

Philippes le Hardy ſon Fils
fut ſi ſoigneux de conſeruer les
biens de cette Confrairie, que
non ſeulement il en voulut auoir
vn dénombrement ſpecifique,
apres en auoir loüé l'employ :
mais meſme amortit ceux que

luy & ses Ayeuls auoient donné, & les tint en sa protection,
sans qu'il en fut rien diminué ;
Les autres Roys Iean , Charles
& Philippes , ont tous par leurs
Chartes , qui nous sont demeu-
rées entieres, augmenté les Fondations de leurs Predecesseurs,
sans y établir aucuns Chapellains ny Beneficiers , comme à
leurs Saintes Chapelles ; Mais
au contraire ont tout laissé à la
sage conduite des principaux
Administrateurs Ecclesiastiques
& Bourgeois, sans les assujetir à
aucune Puissance , si ce n'est à
celle de la Sainte Vierge, qui en
a toufiours eû vn soin tres-parti-
culier.

Mais apres nos preuues do-

meſtiques, ie ne puis paſſer ſous
ſilence les eſtrangeres. Monſtro-
let l'vn de nos Hiſtoriens François, parlant de deux cens ans
tantoſt paſſez ; Ie veux dire du
Roy Louys XI. qui a acquis à
ſes Succeſſeurs l'independance
de ſa Couronne, & qui a reduit
les Peuples à receuoir ſa volon-
té pour toute raiſon, rapporte
que ce meſme Roy, le huit
Septembre 1464. *Feſte de la
Natiuité de Noſtre Dame, allant
de ſon Hoſtel des Tournelles de
Paris en la grande Egliſe, paſſa
par celle de la Magdelaine, &
illec ſe fit Frere de la grande Confrairie aux Bourgeois, & auec
luy s'y mirent l'Eueſque d'Eureux,
& pluſieurs autres grands Prelats*

C iij

& Seigneurs de la Cour ; Ce font
les propres termes de cét Hiſto-
rien. Que ſi nous n'auons pas le
détail de la reception de tant
d'autres Roys, en cette Sainte
Confrairie, ce ſont les Ennemis
de noſtre Religion & de voſtre
Eſtat, SIRE, qui par leurs pil-
lages & incendies nous en ont
rauy les preuues ; la traditiue
neantmoins eſtant reſtée dans
l'eſprit des Confreres, d'vne ſuite peu interrompuë de cette deuotion enuers la Confrairie, &
dans la ſuppreſſion de toutes les
autres introduites par les Arts &
Meſtiers , dans laquelle il eſt
preciſement parlé de cette Confrairie , pour eſtre conſeruée particulierement , comme

vn precieux gage de la premiere
deuotion de nos Anceſtres.

Il nous reſte pourtant vn Ancien petit Manuel ou Formulaire
de prieres, dont ſe ſeruoient les
Confreres, il y a pres de cent cin-
quante ans, pour s'aſſiſter de conſeil & de ſecours dans la vie ciui-
le & ſpirituelle; mais principale-
ment aux agonies, ou apres la
mort, de tous les deuoirs d'vn
Chreſtien. Ce qui nous fait connoiſtre qu'alors les Confreres vi-
uans en tres-bonne intelligence,
& dans vne mutuelle charité donnoient encore l'exemple à toutes les autres Societez de voſtre
ville de Paris, par les ſecours &
aſſiſtances reciproques des biens
Spirituels qu'ils receuoient de la

diuine bonté, & des biens temporels qui leur venoient de tous
coſtez par la liberalité des Ames
deuotes, & conſacrées au ſeruice
de la Sainte Vierge.

Nous eſperons, SIRE, que
la Paix que V. M. vient de
donner à ſes Peuples, nous fera
naiſtre les moyens de mieux conſeruer à l'aduenir nos Archiues,
& de les augmenter pour y dé-
crire & laiſſer à la poſterité tous
les ſentimens de reſpects & d'e-
ſtime que tous vos Suiets ont
conceu de voſtre incomparable
Pieté.

Mais, SIRE, puis-je obmettre
en ce lieu, ſans me rendre cou-
pable; qu'au moment où toute
l'Europe ouuroit les yeux pour

penetrer dans les deſſeins de
Henry le Grand voſtre Ayeul, &
les oreilles pour entendre le bruit
de ſes Tonnerres qu'il preparoit
pour l'Allemagne ; La Couronne
tomba ſur la teſte de Louys le Iu-
ſte, Pere de voſtre Majeſté : Ce
coup fatal étourdit toute la France, & fit reſpirer ſes Ennemis,
mais pour peu de temps, dautant
que ce grand Prince verifiant la
Prophetie de ſon pere, redui-
ſant la Rochelle & ſes partiſans
en leur deuoir ; il deffit l'Hydre
qui fermoit le paſſage aux con-
queſtes de nos Roys, & nettoya
le dedans du Royaume, dont le
mal eſtoit plus grand que celuy
du dehors ; ce pieux Monarque
rapportant toute la gloire de ce

bon-heur à Dieu & au fecours
de fa glorieufe Mere, dont l'I-
mage regnoit toufiours dans fon
cœur auffi-bien que fon nom
dans fa bouche.

C'eft, SIRE, & de ce precieux
original de chaſteté qu'il tira les
Idées d'vne pureté peu commu-
ne aux Hommes, mais prefque
miraculeufe parmy les Princes ;
Puifque les beautez les plus attra-
yantes de la Terre ne s'eſtudient
dans leurs Cours qu'à leur agréer
jour & nuit : Ce grand Roy
fermant les yeux à ces vains ob-
jets du fiecle, fut vn Ange en
cette vertu ; Et comme la Bien-
heureufe Marie eſt la Reyne des
ces bien-heureux efprits, il ne
faut pas s'étonner fi les troupes

de cét Inuincible Monarque, af-
fiftées de cette chafte & inuincible Milice , ont toufiours efté
victorieufes & triomphantes :
Il ne fe contenta pas de luy en
rendre des actions de graces publiques dans la Cathedrale de fa
ville de Paris , confacrée à fon
honneur; Mais il voulut par fon
Edict portant vœu folemnel mettre fa Perfonne Royale , fon
Sceptre , fa Couronne , & fon
Royaume fous fa fauorable protection ; Et fçachant que les
Confreres de la grande Confrairie eftoient affemblez tout le
matin , le jour de l'Affumption
de la Vierge en l'Eglife de Sainte
Magdelaine ; il ordonna que le
mefme iour cette Proceffion fi

solemnelle, composée des Cours
Souueraines, & du Corps de sa
bonne ville de Paris, se feroit
à l'exemple de celle que font
tous les Confreres dans l'Octaue
de cette glorieuse Feste. Incon-
tinant apres cette glorieuse fon-
dation, ce grand Roy tant re-
gretté depuis sa mort, de tous
les peuples pour sa deuotion sin-
gulieré enuers la Vierge & Saint
Denys ; estant malade dans son
Chasteau de Saint Germain en
Laye, faisoit ouurir de temps en
temps ses Fenestres pour regarder,
comme il le disoit auec joye,
son futur Tombeau à S. Denys,
ou peu de temps apres ses cen-
dres furent meslées auec celles
de nostre Illustre Apostre &

Fondateur, entrant par ce moyen dans la gloire, par les intercef-fions de la diuine Marie, que l'Eglife appelle à jufte Titre, *la Porte du Ciel* ; Ce vœu public comprend toutes les deuotions fpeciales qu'il a renduës à la Sainte Vierge dans les affemblées particulieres, & dans les Socie-tez confacrées à fon feruice.

Que les Reynes ont demandé auec beau-
coup de ferueur d'estre associez au
nombre des Confreres de cette grande
Confrairie.

CHAPITRE VI.

L'Esprit de nostre Fondateur estoit trop bien instruit par le S. Esprit; Et sa charité estoit trop grãde pour exclurre à jamais de cette Confrairie le sexe deuot, sans quelque fondement raisonnable: Le Sang qu'il répandit à l'exemple de son maistre, n'estoit que pour produire la Foy Chrestienne, dont l'obligation pour estre sauué est autant necessaire

aux Femmes qu'aux Hommes ;
L'Illuftre Damaris n'euft pas pluftoft entendu la Vie, Mort & Paf-
fion du Fils de Dieu, par la bouche de Saint Paul, haranguant deuant le Senat & le Peuple d'A-
thenes, qu'elle y creut & embraf-
fa la Foy. Soit donc qu'au commencement de cette petite Societé établie au milieu du Paganif-
me, on n'euft pas jugé neceffai-
re que le fecret de nos Myfte-
res fut découuert à toutes fortes
de perfonnes , & particulierement aux Femmes qui par la crainte des tourmens retournoient
quelquefois à leurs fauffes diuini-
tez ; foit que le fecours qu'vn
Confrere exigeoit de fon frere,
demandaft des courfes & des em-

ploys peu conuenables à ce sexe
les en eût exclus dans les premiers
siecles, notamment par les anciens Statuts. Toutefois comme
cette Confrairie à tousiours esté
animée de l'esprit de l'Eglise, qui
trouue à propos de faire en vn
temps ce qu'elle ne juge pas estre
expedient de pratiquer en vn
autre : Et les Femmes vou-
lant estre inseparables de leurs
Espoux en la participation des
biens spirituels, comme elles
l'estoient en communauté des
biens temporels ; La Reyne
Blanche, tres-pieuse, tres-sage
& tres-digne Mere du grand
Roy Saint Loüis, qui par son
bon exemple contribua beaucoup aux exercices de pieté & de
deuotion,

deuotion que le vertueux Monarque pratiqua au retour de son
premier voyage du Leuant, &
qui luy inspira de s'enrooller en
cette grande Confrerie ; ce fut
elle qui la premiere des Femmes
demanda aux Confreres d'estre
aggregée au nombre de cette bel-
le & sainte Societé ; Nous auons
encore le Statut entier qui luy
donna entrée, & à son exemple à plusieurs Princesses de la
Cour: Quelques Dames Parisien-
nes y furent aussi receuës & asso-
ciées ; mais cette grace iusques à
present n'a point esté accordée à
aucunes femmes de saint Denys;
ce qui a donné vn mauuais pretexte à leurs maris, de ne se pas
continuer cette faueur & pre-

D

rogatiue, puiſque Dieu les affli-
geant pour le mépris d'vne ſi
notable deuotion que leur Patron
leur auoit procurée enuers la Mere de Dieu ; elle a eſté transferée
en la ville de Pontoiſe, ou elle
porte le nom de la grande Confrairie, remplie de perſonnes qui
exercent vne parfaite charité
enuers les pauures : L'exactitude
à obſeruer cét ancien Statut,
faiſant connoiſtre à Paris par
l'excluſion de ceux de S. Denys,
& l'Indulgence qui a commencé
par les Reynes, qu'il ne faut pas
examiner temerairement les pri-
uileges des teſtes Couronnées.

La tres-deuote Anne d'Autriche, Reyne de France, à son exemple inspire à V. M. le desir d'entrer en la grande Confrairie.

CHAPITRE VII.

CE n'est pas icy le lieu où ie dois entreprendre de réleuer toutes les Illustres & Royales qualitez de la Reyne Mere de vostre Maiesté, elles sont en trop-grand nombre pour le pouuoir faire; Ie me contenteray de rapporter vne partie de ses deuotions publiques, puisqu'elles ont autant de témoins irreprochables, qu'il y a de peuples en

France : Combien de fois en sa vie a-t'elle souffert de fausses attaques, dont son innocence à triomphé, ayant tousiours eu la vertu pour garand de ses actions ? Combien de fois a-t'elle foulé de ses genoux les Marbres des Eglises? combien de fois a-t'elle poussé ses prieres iusques au Ciel, qu'elle a trouué en quelque façon inexorable durant quelque temps, à cause de l'iniquité des peuples ? Enfin nous auons l'obligation à ses larmes & à ses prieres continuelles de l'auoir adoucy pour nostre bon-heur , & de ce que Dieu flechy par la perseuerance de son humilité, la recompensée par la naissance d'vn Dauphin, le comblé des souhaits de cette grande Reyne & des vœux de tous les bons François. Apres des graces si importantes elle ne deuoit plus ce semble attendre que joye & benediction en sa Maison Royale ; mais la mort inopinée de son tres-cher Espoux l'ayant iettée dans vn triste deüil ; Enfin elle est contrainte par tous les Estats du Royaume d'accepter la Regence de V. M. aussi bien que l'authorité sur tous les ordres de vostre Monarchie.

Ie ne seray pas si temeraire, SIRE, en ce temps où l'Oliue de paix commence à paroistre, de vous remettre en memoire cette terrible saison qui ne produisoit alors que des monstres, qu'elle seule a surmontez par

D iij

fa deuotion, & qui la rendoit intrepide en de tres-dangereuſes rencontres. Ainſi lors que les maladies perilleuſes de V. M. luy comblerent le cœur de douleur, elle s'adreſſoit à la Sainte Vierge pour en receuoir du ſecours, & pour ſe garentir auec V. M. de tous les accidens ſiniſtres qui nous menaçoiét. Il n'y a que vous ſeul, S I R E, qui peut conceuoir les tendreſſes de la Reyne voſtre Mere dans les aſſiſtances qu'elle vous a renduës ; oüy, grande Reyne, il ſembloit qu'en la derniere maladie de noſtre bon Roy, le Ciel vous vouluſt donner la plus forte attaque de voſtre vie, afin de couronner par la patience vos trauaux

preſque infinis : Mais voſtre ferueur accouſtumée vous fit conceuoir des penſées , que le ſeul
Saint Eſprit vous inſpira par les
prieres de la meſme Sainte Vierge. Les Medecins auoient épuiſé
toute leur ſcience, & les Officiers auoient conſommé toutes
leurs forces, pour combatre con-
tre ce venin qui vouloit atta-
quer le cœur d'vn ſi grand Roy;
La Mere de Dieu , à qui vous
auiez donné voſtre Foy , dés
l'année 1643. & ſolemnellement
promis obeïſſance, en preſence de
tous vos Sůjets, dans l'Egliſe de
Sainte Magdelaine , & où voſtre
Maieſté fut aſſociée en cette
grande Confrairie, ne vouloit
pas alors vous fruſtrer de la fer-

ueur de vos prieres, ny tous les
François de la sincerité des vœux
qu'ils faisoient en toutes les Eglises de ce Royaume, mais particulierement les Confreres de cette
grande Confrairie, tant Ecclesiastiques que Bourgeois qui ne
cesserent de continuer leurs prieres les vns apres les autres, deuant le tres-adorable Saint-Sa-
crement, qui fut exposé à cette
intention en la mesme Eglise, où
ils ont coustume de s'assembler.

Ce fut, SIRE, l'execution
des vœux que la Reyne auoit
fait de toutes parts, aux Chapelles, aux Autels, & aux Eglises consacrées à la Sainte Vierge, qui la porta de vous inspirer
à son exemple les mesmes sen-

timens de deuotion, & de per-
suader à V. M. en reconnoissance
de vostre santé retablie à vous im-
matriculer en cette grande Confrairie ; à quoy vostre Maiesté y
estant dés sa ieunesse assez porté,
elle témoigna des desirs d'estre du
nombre de ces Côfreres. Pour cét
effet, apres les Lettres de Cachet
qu'il pleust à la Reyne enuoyer
par le sieur l'Argentier son Se-
cretaire au Doyen de la grande
Confrairie, & depuis l'ayant fait
sçauoir par la bouche du sieur
Abbé Fiot, l'vn des Aumosniers
de vostre Maiesté. Le iour donné
toute vostre Cour disposée pour
assister à ce grand acte d'humilité
& de deuotion, le 4. d'Avril de
l'année 1659. vostre Maiesté se

58 LA GRANDE CONFRAIRIE
rendit en l'Eglise de Sainte Magdelaine, & y fut receuë par les
Ecclesiastiques, auec les respects
qui sont deus à vn si pieux, & à vn
si Puissant Monarque, que l'on vid
auec admiration se presenter dans
le Chœur, se mettre deuotement
à genoux sous le Dais preparé à sa
personne Royale, & y obseruer
toutes les ceremonies ordinaires :
C'est-là que V. M. fit paroistre
que les Roys ne sont iamais
mieux reconnus, & ne sont iamais plus Puissans, que lors qu'ils
se prosternent aux pieds des Autels ; Et que des actes d'humilité
& de reconnoissance qu'ils font à
Dieu, pour les faueurs qu'ils en
reçoiuent par l'entremise de la
Vierge, ils en tirent la force &

l'authorité fur leurs Suiets, auffi bien que la victoire fur leurs Ennemis.

Voftre Majefté ayant fait le ferment à la Sainte Vierge au pied de fon Autel; & ayant permis au venerable Chanoine de Paris qui faifoit la ceremonie, l'honneur de baifer vos mains Royales au nom de tous les Confreres, il pleuft encore à voftre Maiefté d'auoir la bonté de donner Audiance au Doyen & à tous les Confreres Laïques, pour vous tefmoigner pluftoft par des larmes, que la ioye tiroit de leurs yeux, que par la longueur d'vn difcours, l'honneur inconceuable & le bon exemple que toute cette Compagnie & mefme tous vos

D vj

peuples receuoient en ce iour de voſtre admirable Pieté ; Et pour ne pas eſtre ennuyeux à voſtre Majeſté, le meſme Doyen vous aſſeura au nom de toute l'aſſemblée qu'il en dreſſeroit vn témoignage public qui durera autant que le monde ; finiſſant ſon diſcours par vne tres - humble ſupplication qu'il faiſoit à V. M. d'excuſer ſi dans ce qu'il venoit de luy expoſer, il y auoit quelque choſe d'obmis ou de ſuperflu, dont il vous demandoit tres-humblement pardon. Ce fut en cét eſtat de deuotion, auquel V. M. ſe conſtitua auec vne ſi grande humilité que Dieu inſpira à la Reyne voſtre Mere, la Paix & l'Alliance que vous deuiez con-

tracter pour le repos de la Chre-
ſtienté, & pour la benediction
particuliere de vos peuples ; &
ce fut à elle ſeule à qui le Saint
Eſprit en fit prendre toutes les ge-
nereuſes reſolutions, & les veri-
tables moyens pour y paruenir ;
afin que meſlant le Sang des deux
plus puiſſans Princes de la Terre, Dieu fuſt honnoré & ſeruy
dans toute l'eſtenduë du monde.

Reception de Monſieur Frere vnique de V. M. en la grande Confrairie.

CHAPITRE VIII.

C'Eſt en toutes choſes, SIRE, que Monſieur, Frere vnique de V. M. s'efforce de vous plaire, de vous ſuiure, & de vous obeir. L'eſprit penetrant que Dieu luy a donné, la prudence qui accompagne toutes ſes actions ; mais ſur tout le bon deſir qu'il a témoigné d'eſtre par la grace, comme il à l'honneur d'eſtre par nature, Frere vnique de V. M. font eſperer à tous vos peuples, que s'eſtant aſſocié par deuotion à la Sainte Vierge en la grande Confrairie, ces nouueaux liens de confraternité contribueront beaucoup à la tranquilité publi-que de vos peuples.

Les Freres des Roys ſont le bras droiĉt des Souuerains, toute leur force auſſi bien que leur ſatis-faĉtion conſiſte en cette vnion: auſſi n'y a-t'il point d'Ennemy ſi ambitieux ny ſi entreprenant, qu'il puiſſe eſtre, qui ne deſeſpere de pouuoir venir à bout de ſes deſſeins quand il verra vne parfai-te vnion dans la Maiſon Royale.

Ne doutez point, SIRE, que le meſme jour que ſon Alteſſe Roya-le, eut donné en preſence de V.M. ſon nom & ſa Foy à cette Sainte

Mere en la grande Confrairie par
le baiſer de paix qu'il y receut,
que cette Reyne des Anges & des
Hommes ne luy ait inſpiré ces
penſées, de meſme qu'à tous ceux
de voſtre Cour, qui ſuiuans vos
loüables exemples, s'y ſont pa-
reillement fait mettre, dans la
charité du meſme baiſer de paix:
demeurans tous d'accord de cette
verité, que les graces qui les acõ-
pagnent & que le repos interieur
dont ils iouïſſent, procedent ſin-
guliement de ce principe de bon-
heur. Car nous remarquons tous
tant que nous ſommes de Confreres que pas vn de nous n'a iamais
eſté abandonné de la protection
de la Mere de Dieu, bien au contraire chacun dans ſa cõdition en
reçoit

reçoit des graces si particulieres, que nous reſſentons des effets viſibles d'vne aſſiſtance tres-ſinguliere de cette bonne Maiſtreſſe.

Les Roys & les Princes de voſtre Sang, ont touſiours eû vne deuotion ſpeciale pour cette grande Confrairie. Elle ne ſubſiſte depuis pluſieurs ſiecles, que par les bien-faits, dont ils l'ont honnorée ; lors qu'apres auoir remporté de tres-ſignalées victoires, tant dedans que dehors le Royaume; ils y venoient remercier celle qui par ſes prieres, aupres de ſon Fils bien-aimé, auoit combattu pour eux. Auſſi continuerons non ſans ceſſe nos prieres pour le repos de leurs Ames, y eſtant obligez par leurs liberalitez magnifiques, qui ſe-

E

ront à la posterité des Monu-
mens eternels de leur deuotion
enuers cette illustre Confrairie.
Et quoy que les grandes soumis-
sions & les profonds respects que
rend son A. R. à vostre Maiesté,
soient connus de toute l'Europe,
pour le plus veritable modelle,
& pour le plus parfait exemple
que tous les autres Princes, Seigneurs & Suiets de V. M. puis-
sent imiter : Neantmoins les soins
particuliers que la Sainte Vierge
aura de sa tres-illustre Personne,
pour la conseruation de cette Monarchie , & pour l'execution de
vos desseins releuez, nous asseu-
re d'vne continuation de ses deuoirs, qui augmentera nostre repos, & fixera le bon-heur de ce
grand Prince.

Les Chanoines & les Curez de Paris, con-
siderez & respectez en lagrande
Confrairie.

CHAPITRE IX.

I'Ay remarqué cy-deuant, que cette Sainte Societé dés son origine estoit composée de septante-deux Confreres, en l'honneur des septante-deux Disciples de nostre Seigneur Iesus-Christ, dont vne partie estoit d'Ecclesiastiques, & l'autre de Laïques; que chaque Ecclesiastique estoit vny auec son frere Laïque, pour la communication des biens spirituels & temporels, dont ils s'assistoient mutuellement. A present le nombre des vns & des autres estant accreu, chacun des fideles s'estant rangé fous la conduitte de fon legitime Pafteur, chaque Confrere a fui-uy les bonnes inftructions & le vertueux exemple de fon Curé, & l'a pris pour fon Directeur en cette deuotion ; Mais Dieu n'ayant pas infpiré cette ferueur à tous les Pafteurs de fe déuoüer à cette Sainte compagnie de fide-les ; cela a donné lieu d'y admet-tre d'autres Preftres, qui par leur zele ont fuppleé aux Offices de charité, qu'on deuoit attendre des Curez enuers leurs Oüailles. Et en effet de quelque qualité que puiffe eftre l'Ecclefiaftique, fon Caractere ne peut eftre plus glo-rieufement annobly qu'en cette illuftre & fainte Societé, dans laquelle ces Deuots Ecclefia-ftiques trauaillent inceffamment

& que comme des Pasteurs vigi-
lans, ils font paroiftre leur zele
enuers le troupeau, dont ils font
les Chefs: Celuy de vos Chanoines & des Curez, SIRE, eft con-
nu de toute la France, ils font ca-
pables pour la plufpart d'eftre
honnorez d'vne place dans les
Conciles par leur vertu & par
leur profonde fcience, s'ils y
eftoient appellez. Ce n'eft donc
pas vne petite ceremonie, ny
vn ornement peu remarquable
en voftre ville de Paris, de les
voir tous l'Eftole au col, marque de leur authorité, marcher
auec vne graue modeftie, & vne
modefte grauité à la Proceffion
folemnelle, que font tous les
Confreres vn des iours de l'O-
&taue de l'Affumption de la Vier-

ge, se transportans en vne Eglise
ou Parroisse de cette Ville, le
Cierge en main, animant ainsi le
peuple par leur presence & par
leur bon exemple, à suiure comme eux les saintes Reliques, &
l'Estandart de la sainte VIERGE,
pour abatre coniointement l'impieté de ceux qui ont l'insolence
de blasmer le culte de la Mere
de DIEV ; Laquelle ceremonie
nous trouuons introduite, ob-
seruée & iustifiée par nos Archiues, il y a plus de cinq cens ans.

*Des obligations ausquelles les Confreres sõt
tenus, & des Officiers de la Confrairie.*

CHAPITRE X.

PErsonne, SIRE, ne doit
craindre d'estre receu en cet-

te sainte Confrairie, par l'appre-
hension de ne pouuoir pas s'ac-
quiter dignement des deuoirs à
quoy ils sont obligez enuers la
sainte VIERGE: Car comme cette
Societé a esté établie sur les fōde-
mens du Christianisme, tout le
Mystere en est fondé sur la pure
charité, dont les liens sont semblables à ceux dont saint Paul
tiroit sa plus haute gloire : Les
Confreres sont seulement obligez de prendre en tous leurs be-
soins la vraye Mere de miseri-
corde pour leur Patrone & leur
Protectrice ; Et à son exemple de
s'assister mutuellement de secours
spirituels & temporels : mais particulierement dans les maladies,
de consolation & de prieres, &
apres la mort de tous les bons

Offices & Suffrages dont vne ame Chrestienne peut estre soulagée en l'autre vie. Ce qui est la marque indubitable d'vne charité fondée sur la veritable Religion, auec l'assistance de la sainte VIERGE.

Quant aux Officiers titulaires, le principal est Ecclesiastique du meilleur exemple & de la plus sainte vie qu'on peut estire ; il est qualifié Abbé, comme estant le pere des pauures. Il y a deux cens ans qu'vn du nom & de la famille des Seguiers, fut choisi pour cette Charge ; on a veu souuent des Cardinaux, Archeuesques & grands Prelats, Chanoines de Paris, ou Curez de grande vertu & probité remplir dignement cette place.

La seconde dignité est celle de Doyen, qui est tousiours Laïque ; Les principaux Officiers de vos Conseils & de vostre Cour de Parlement se sont glorieusement acquittez de cet employ, qui ne consiste qu'à s'occuper entierement à la conseruation es reuenus temporels de la Confrairie : Les feu sieurs des Vrsins, de Marles, des Landes, d'Amours & de Lamoignon m'ont precedé en cetteCharge,dont ie suis honoré.

Il y auoit autrefois vn Preuost & des Sergens ; Le Preuost tenoit le troisiesme lieu, & faisoit obseruer toutes les ceremonies, s'informoit de la vie, meurs & santé des Confreres : Et par ses Sergens il faisoit la distribution des grandes Aumos-

nes aux Monasteres & aux Hospitaux établis en ce temps-là.
Mais la Confrairie estant depuis
augmentée d'vn nombre presque
infiny de peuples, les Aumosnes
ont esté distribuées aux Religieux, aux Hospitaux & aux
Pauures Confreres qui la vien-
nent receuoir eux-mesmes : C'est
pourquoy cette Charge est de-
uenuë inutille ; Ioint que la seule
deuotion assemblant tous ces
peuples, elle les tient dans vn si
grand respect sous les auspices de
la sainte VIERGE, que chacun
sans confusion coopere à ce que
la modestie paroisse dans vne
compagnie remplie de pieté, &
tout à fait exemplaire.

La troisiesme Charge, est celle
de Greffier, lequel est Ecclesiasti-

que; Toutes lesquelles Charges
font electiues, & l'on y procede
publiquement. L'employ du
Greffier eſt de diſtribuer les Me-
reaux aux Eccleſiaſtiques aſſi-
ſtans aux ſeruices, & d'en four-
nir les Roolles à la fin de chaque
mois au Receueur pour les payer. Il eſt encore obligé de mettre en eſcrit toutes les delibera-
tions de Meſſieurs du Bureau,
(ainſi s'appelle le Conſeil) où ils
s'aſſemblent vne fois le mois,
tout au moins ; & les donne
apres aux Sergens , ou autres
pour les faire executer.

Les Eccleſiaſtiques dans leurs
aſſemblées & prieres publiques,
font conduits dans l'Egliſe par le
plus qualifié, ou par le plus Ancien d'entr'eux ſans murmurer

fous l'authorité du mefme Bureau, qui ordonne enuiron à quarante Chapellains affemblez, prefque tous les jours quelques retributions, en argent ou en pain, pluftoft pour leur mediocre fubfiftance, que pour autre motif; & viuent tous auec vne fi grande charité les vns enuers les autres, qu'ils laiffent par tout où ils s'affemblent, des marques de leur pieté fans exemple.

La quatriefme Charge eft celle de Receueur ou Treforier, nommé pour perceuoir les reuenus temporels & pour en faire les defpenfes neceffaires; Il rend tous les ans compte par efcrit. Premierement en prefence de quelques vns des Meffieurs les Ecclefiaftiques & Bourgeois deputez à cet effet ; & puis en pleine assemblée. Cette Charge despend du choix qui se fait ordinairement au Bureau de quelque Ecclesiastique ou Laïque, qui pour le soulager dans les affaires de la Confrairie, prend vn petit Officier qui s'appelle Solliciteur, & ce du consentement de Messieurs du Bureau.

Il y a aussi vn Clerc de la Confrairie qui dépend du choix qu'en fait Monsieur le Doyen pour estre proprement son Officier, receuant de luy les ordres des semonces qu'il doit faire aux Confreres, touchant les choses spirituelles qui regardent la Confrairie.

Voilà, SIRE, ce que i'eus l'honneur de promettre à V. M.

de luy donner par efcrit, touchant la grande Confrairie, fans
apporter aucun fard ou deguife-
ment à la verité ; car de faire icy
vn denombremét des dons & des
bien-faits particuliers des Roys,
des Princes, des Ducs, mefme de
ceux de Normandie , de Cham-
pagne , de Bourgogne , & de
Bauieres, comme auffi des grandes Princeffes , felon l'ordre de
leurs fiecles ; ie me rendrois fans
doute ennuyeux à voftre Maiefté. Il me fuffira de vous dire,
que le quatriéme d'Auril de l'année 1659. nous valut plus que
tout le bien que nous poffedons
depuis plufieurs fiecles ; puifque
par le ferment qu'il vous pleuft de
faire, quand par le baifer de voftre main Royale, V. M. fut re-

ceuë au nombre des Confreres,
vous vous estes donné vous mesme à vne Compagnie, qui prise
moins les bien-faits de vos predecesseurs, que la gloire de pos-
seder voftre Perfonne facrée.

Puissiez vous donc, grand
Roy reconnoistre que la fource
des graces, & des aduantages
que le Ciel a versé fur V. M.
soit par vos victoires, foit par
la prosperité d'vne lignée & longue fuite de Roys, qui vous est
promife, ou par la tranquilité
que vos peuples fe procureront
par l'obeïffance qu'ils rendront
aux commandemens de V. M.
procede des prieres, que la Mere
de DIEV fera continuellement
à IESVS-CHRIST fon Fils
en voftre faueur, & pour recon-

noiſſance du ſoin que V. M.
prendra de faire continuer par
vos peuples, les tres-humbles
reſpects qu'ils luy doiuent. Car
en effet, elle ne vous abandonnera
iamais, tant que vous donnerez
à vos Suiets des teſmoignages de
pieté enuers elle; que le liber-
tinage ſous l'authorité de vos
Loix, ſera ſeuerement puny &
bany entierement de vos Royaumes; Et que les Autels de la tres-
ſainte VIERGE, ſeront ſingulie-
rement honorez, dans tous les
lieux de voſtre obeïſſance.

F I N.

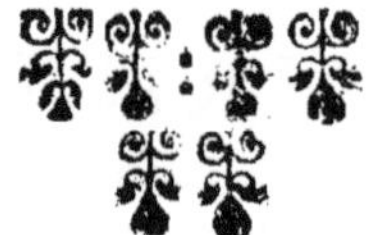

www.ingramcontent.com/pod-product-compliance
Ingram Content Group UK Ltd.
Pitfield, Milton Keynes, MK11 3LW, UK
UKHW031832170726
13836UKWH00004B/1633